가능한 가장 아름다운 세상
"라이프니츠"
LEIBNIZ

가능한 가장 아름다운 세상

"라이프니츠"

장 폴 몽쟁 씀 | 줄리아 바우터스 그림 | 이보경 옮김

LEIBNIZ

함께읽는책

Le meilleur des mondes possibles
by Jean-Paul Mongin & Julia Wauters
Copyright © Les petits Platons, 2010, All rights reserved.
Translation copyright © 2013 by Cobook
This book is published by arrangement with Milkwood Agency, Séoul

늙은 철학자는 힘겹게 일어나 절뚝거리며 창가로 걸어갔다. 투명한 밤하늘이 그를 매혹했다. 이제껏 라이프니츠는 점성술사들이 들려주는 전설들을 우스꽝스럽다고 생각했다. 하지만 가끔씩, 별들로 뒤덮인 밤하늘은 그의 수학 방정식 그래프, 그래프의 좁아지는 부분, 나선, 그리고 초점들이 그려 냈던 매우 오묘한 풍경을 상기시켰다.

목차

거대한 비엔나의 불빛이 하나씩 꺼지고 있었다. 오스트리아 권력의 중심인 호프부르그 궁 주변 골목길에는 귀가 시간이 늦은 행인들이 발걸음을 재촉하고 있다. 그들은 잠을 청하기 위해 하나 둘 각자의 집으로 돌아갔다.
1714년 어느 봄날의 밤, 고요와 평온은 쇤브룬 궁과 근위병들에게도 찾아왔다.

도시의 반대편, 오래된 탑 꼭대기에서는 양초 하나가 아주 멋지게 꾸민 도서관의 벽들을 희미하게 비추고 있었다. 이 도서관에는 인쇄된 책들과, 특히 엄청난 양의 육필 원고들이 소장되어 있었다.

세상의 모든 학자들에게 쓴 편지[1], 수학책, 선사시대까지 거슬러 올라가는 족보 연구서, 희귀 언어 입문서, 계산기 도면, 법학 논문, 철학책, 비밀 임무 명령서 등이 가득한 이곳 도서관은 바로 고트프리트 빌헬름 라이프니츠의 연구실이었다.

1. 당시의 관행에 따라 라이프니츠는 그가 쓴 편지의 복사본을 모두 가지고 있었다. 라이프니츠는 자신의 생애 동안 쓴 모든 글들(편지를 포함하여)에 둘러싸여 생을 마감했다. _이하 역자주

젊은 시절 라이프니츠는 이곳에서 유명세를 떨쳤다. 그러나 그를 지지하던 후원자와 친구들은 이미 오래전 세상을 떠났고, 늙어 버린 라이프니츠의 모습은 어쩐지 슬퍼 보였다. 이런 그에게서 인류 역사상 극소수였던 천재들 중 한 사람의 모습을 찾아내기란 쉽지 않을 것이다.

어렸을 적 라이프니츠는 모국어뿐 아니라 라틴어와 그리스어도 혼자서 익혔다. 한때 외교관이었던 그는, 아마도 비밀 정보 요원과 유사한 임무를 수행하며 바티칸에서 러시아 황제의 궁전에 이르기까지 모든 유명한 장소들을 드나들었을 것이다. 이 굉장한 학자는 그가 살던 시대의 모든 학문, 모든 지식들, 아니, 그보다 좀 더 많은 것들을 알고 있었다. 이제 그 지식은, 굽은 등으로 간신히 떠받쳐져 버거워 보이는 그의 대머리[2]에 감추어졌고, 커다란 두 손만이 예전의 위용을 짐작케 했다.

그날 저녁, 이 늙은 학자는 자신을 방문하기로 되어 있는 누군가를 기다리며 한 잔의 맥주를 홀짝여 맛을 음미하고 있었다. 그의 손가락은 잉크가 채 마르지도 않은 원고 한 장을 집고 있었다. 거기에는 도서관에 빽빽이 들어찬 이십만 장의 종이들과 마찬가지로 깨알 같은 글씨가 가득했다.

라이프니츠는 이제 막, 우주에 대한 설명을 끝마치려던 참이었다.

2. 근대 최후의 천재로 불리는 라이프니츠는 그 재능과 달리 축복 받지 못한 외모를 가졌다. 작은 체구에 가느다란 팔다리, 20대부터 벗겨진 머리 때문에 가발을 써야 했다.

이제 막 탄생한 책에는 "세상은 절대적으로 단순한 실체인 모나드[3]들로 구성되어 있다. 각각의 모나드는 다르다. 왜냐하면 각각의 모나드는 이 세계에 대한 하나의 관점이기 때문이다. 그리고 각 모나드는 마치 자그마한 영적 꼭두각시처럼, 세상의 변화를 조절하는 신의 조화에 따라 이 관점에서 저 관점으로 옮겨 간다. 따라서 물질은 인지하고 욕구를 느낀다. 예를 들어 대리석은 매우 불명료하겠지만 나름의 생각을 가지고 있다"라고 적혀 있었다.

---

3. '단자'. 라이프니츠 철학에서 실재의 형이상학적 단위. 실재를 구성하는 단순 실체(simple substance), 혹은 개체적 실체(individual substance)이다. 자세한 설명은 후기에서 다룬다.

계단 쪽에서 앙증맞은 발소리가 들리더니 낡은 문이 반쯤 열리고 가늘고 긴 눈의 아이가 살그머니 연구실로 들어왔다. 아이는 맑고 고운 목소리로 말했다.

"안녕하세요, 폰 라이프니츠 씨."

"안녕, 어서 오너라, 나의 귀여운 테오도르."

라이프니츠는 뒤돌아보지 않고 답했다. 테오도르는 라이프니츠가 살고 있는 탑의 아래층에 사는 아이였다. 잠자리에 들기 전, 아이는 이 나이든 철학자에게서 혹시나 듣게 될지도 모를 재미난 이야기를 기대하며 안부 인사를 하러 올라온 참이었다. 여느 저녁때와 마찬가지로, 라이프니츠는 아이에게 물었다.

"그래, 테오도르, 오늘은 뭘 배웠니?"

"베르길리우스의 시를 공부했어요. 그리고 선생님께서 로마 왕들의 이야기도 들려주셨어요! 타르퀸 왕조가 어떻게 권력을 장악했는지에 대한 이야기, 원형경기장에서 벌어진 경기들과 전쟁에 관한 이야기, 아름다운 루크레티아가 능욕당한 이야기, 그리고 타르퀸 사람들이 서로를 어떻게 죽였는지에 대해서도 들었어요."

"그래, 그 이야기들을 듣고 무슨 생각을 했지?" 라이프니츠가 물었다.

"결국 타르퀸 사람들은 벌을 받게 되는데요, 그렇게 되기 전에 그들을 멈추게 했더라면 더 좋지 않았을까 생각했어요."

"음, 그랬구나. 하지만 테오도르, 만약 신이 그들을 멈추게 하고 싶었다면 진작 그렇게 했을 거라고 생각하진 않니?"

"모르겠어요." 꼬마 테오도르가 대답했다. "아마도 신은, 그들이 그런 죄를 저지를 거라는 걸 몰랐던 게 아닐까요?

"테오도르야, 말해 보렴. 너는 전지전능한 신이 자신의 피조물인 인간이 무슨 일을 벌일지 모를 거라고 생각하니?"

"잘 모르겠어요. 그렇지만 저는요, 걸을 때 오른발을 먼저 내딛을지 왼발을 먼저 내딛을지 신께 물어보고는 신의 대답과 반대로 행동해요. 그러면 신의 예언은 틀린 셈이 되는 거잖아요!"

라이프니츠는 가냘픈 웃음을 터트렸다.

"귀여운 테오도르야, 내 생각에는 말이다, 신께서 너의 물음에 답을 주시지는 않을 것 같구나. 만약 신께서 대답하신다면, 너는 너무 감동받아서 신의 예언이 너에게는 곧 명령이 될지도 모르지!"

"그렇다면요," 테오도르가 대답했다. "신은 왜 타르퀸 사람들에게 좋은 왕이 되라고 명령하지 않았죠? 신은 왜 로마를 통치할 다른 왕조를 선택하지 않았나요?"

"테오도르야, 너는 이제 기껏해야 한 줌 정도 되는 세월을 살았단다. 그리고 그 세월 동안 본 것이 네 세상의 전부지. 너는 지금 네 코 끝보다 멀리는 보지 못하고 있구나. 테오도르, 애야, 무언가를 부정적으로 생각하고 비판하려 들기 전에 세상을 좀 더 알 수 있을 때까지 기다리렴. 특히 존재하는 모든 것을 전체적으로 관찰해 보렴. 전 우주 만물에서 상상 그 이상의 아름다움을 발견하게 될 것이란다. 이 세상에는 네 마음에 들지 않는 것들도 있겠지. 하지만 말이다, 세상은 오직 너만을 위해 만들어진 것이 아니란다. 아니, 그보다는 이렇게 말하는 편이 좋겠구나. 만약 네가 지혜로운 사람이 되어서 모든 소소한 무질서와 소란 위에 있는 위대한 명령을 알아볼 수 있게 된다면, 그렇다면 말이다, 이 세상은 널 위해 만들어진 것이란다."

"음…… 저는 잘 모르겠어요." 테오도르가 슬픈 목소리로 말했다.

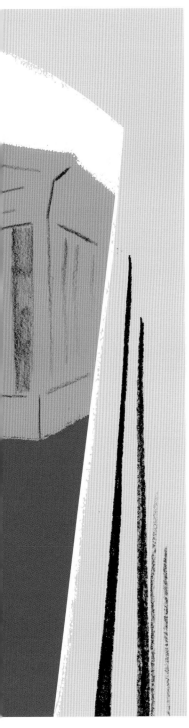

"그러니까 애야, 넌 이제 타르퀸 왕조의 마지막 자손, 로마 왕의 아들이면서 루크레티아에게 불명예를 씌우고 죽음에 이르게 한 고약한 섹스투스 타르퀴니우스를 알게 되었구나. 그러면 이제 섹스투스가 아폴로[4]의 신탁을 듣고 자신의 미래에 대해 알고자 델피의 신전으로 가는 모습을 상상해 보렴. 신은 그에게 이런 예언을 들려준다."

"위대한 타르퀸의 자손이여, 너에게 불행이 있을 것이다! 로마의 왕이 된 너는 루크레티아를 능욕하고 왕권을 남용할 것이다. 가난해지고 나라에서 추방되어, 목숨을 잃게 될 것이다……."

4. 그리스 신화의 아폴론에 해당한다.

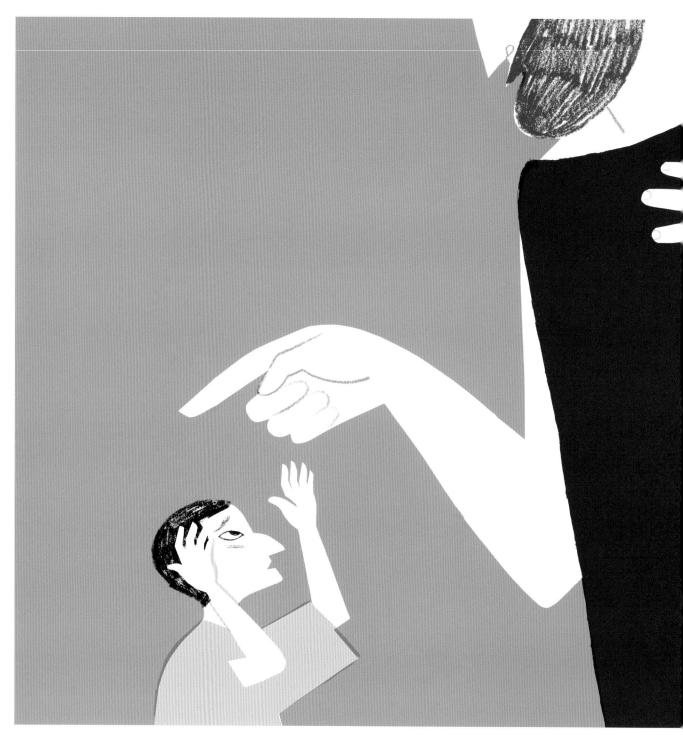

신탁의 예언을 다 듣고 나서 섹스투스 타르퀴니우스는 투덜거렸단다.

"저는 당신께 드리려고 훌륭한 선물을 가져왔는데, 오! 아폴로여, 어째서 당신은 제게 그토록 불행한 운명을 알려 주신단 말입니까?"

"그대가 가져온 보물은 나를 기쁘게 한다. 그리고 나는 그대가 나에게 요청한 것을 행할 뿐이다. 나는 앞으로 그대에게 일어날 일들에 관해 말하는 것이다. 나는 미래를 안다. 그러나 나는 미래를 만들지 않는다. 불평하려거든 신들의 왕 주피터[5], 별들의 움직임과 인간의 운명을 관장하는 파르카 여신들[6]에게 가서 하라."

"오, 성스러운 아폴로여, 진리를 깨닫게 해주셔서 감사합니다. 허나 주피터께서는 제게 어찌 그리 잔인하십니까? 어찌하여 순진무구한 한 인간에게 그리도 가혹한 운명을 준비해 놓으셨단 말입니까?"

"그대가? 순진무구하다고?"

신탁이 웃으며 말했단다.

"그대는 오만할 것이다. 그대는 간통할 것이며 조국의 반역자가 될 것임을 기억하라. 그리고 비르길리우스가 이미 말했듯이, 신의 계획이 변하리라는 기대는 하지 말지어다! 나의 가여운 섹스투스여, 신들은 저마다 세상의 이치 그대로를 행할 뿐이다. 산토끼는 소심하고 당나귀는 어리석으며 사자는 용감하고 늑대는 매혹적이다. 신들의 왕 주피터께서는 그대에게 바로잡을 수 없는 못된 영혼을 내리셨다. 그대는 그대의 그러한 본성에 따라서 행동할지어다. 주피터께서는 그대의 행동에 걸맞게 그대를 대우할 것이다. 그는 저승의 강을 걸고 맹세하셨다."

5. 그리스 신화의 제우스에 해당한다. 온갖 기상 현상을 지배하며, 비와 폭풍과 천둥을 일으키는 신이다. 전쟁에서는 로마에 승리를 가져다주는 수호신일 뿐만 아니라, 정의와 덕을 다스리고 서약과 법률을 지키는 신으로 모셨다. 또한 미래를 내다보는 힘이 있어 인간의 미래를 예언한다고 믿었다.
6. 인간의 운명을 주재하는 세 명의 여신 즉, 탄생의 신 '클로토', 수명·운명의 신 '라케시스', 죽음의 신 '아트로포스'를 말한다.

이제 섹스투스는 델피 신전의 아폴로를 떠나 도도나 신전에 있는 주피터를 만나게 된단다. 그곳에는 신성한 떡갈나무가 있었는데 그 나뭇잎이 내는 미미한 속삭임이 신들의 왕 주피터의 말씀을 담고 있었지. 도도나 신전에 있는 대신관의 안내를 받고 주피터의 말씀이 있는 곳까지 가게 된 섹스투스는 헌납을 하고 나서 마구 불평을 쏟아내기 시작했단다.

"오, 위대한 신이시여! 당신께서는 왜 제게 고약하고 불행한 인간의 굴레를 지우려 하십니까?"

그러자 주피터가 말했단다.

"만약 그대가 로마를 포기한다면, 그대는 지혜로운 자가 되고 행복해질 것이다."

"왜 제가 저의 왕권을 포기해야만 합니까?"

섹스투스가 되물었지.

"저는 좋은 왕이 될 수 없습니까?"

"될 수 없다, 섹스투스. 나는 그대에게 필요한 것이 무엇인지 잘 알고 있다. 만약 로마로 간다면, 그대는 패배할 것이다."

그러나 로마를 포기할 만큼의 큰 희생을 결심할 수 없었던 섹스투스 타르퀴니우스는 신전을 나와 결국 자신의 운명 속으로 빠져들게 된단다.

이 이야기에 등장하는 대신관, 그러니까 주피터의 사제는 말이다, 너처럼 테오도르라는 이름을 가졌단다. 게다가 너랑 아주 많이 닮았지. 테오도르는 섹스투스가 혼란스러워하는 모습을 보고서 신들의 왕 주피터에게 말을 걸게 된단다.

"당신의 뛰어난 지혜는 비할 바가 없습니다. 오, 주피터여! 섹스투스는 그의 불행이 다름 아닌 자신의 나쁜 의도에서 비롯된 것임을 인정해야 합니다! 그러나 소신 테오도르는 혼란스럽습니다. 만약 당신께서 그에게 당신의 사랑과 위대함을 보여 주신다면, 그는 당신을 찬양할 것입니다. 섹스투스가 최선의 의도를 갖느냐 그렇지 않느냐는 당신의 의지에 달린 것이 아닙니까?"

그러자 주피터가 말했지.

"나의 딸, 지혜의 여신 팔라스 아테네에게 가 보거라. 네가 이해할 수 있도록 그녀가 도울 것이다."

자, 이렇게 해서 테오도르는 아테네 여행을 시작하게 된
단다. 그리고 사람들의 권유로 지혜의 여신이자 주피터의
딸인 팔라스 아테네의 신전에서 하룻밤을 보내게 되지.
꿈속에서 테오도르는 미지의 나라로 가게 되는데, 그곳에
는 우리 인간이 상상도 할 수 없을 만큼 멋지고 화려한 궁
전이 있었단다.

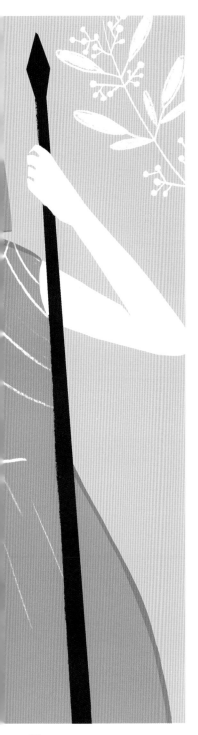

궁전 문 앞에는 팔라스 여신이 서 있었단다. 여신은 눈부시게 화려하고 장엄한 후광에 둘러싸여 있었지. 비르길리우스의 시가 말해 주듯, 신들에게 자주 모습을 드러내곤 했던 만큼 아름답고 위엄 있는 모습이었지. 그녀는 올리브 나무의 잔가지로 테오도르의 얼굴을 쓰다듬었단다. 그리고 이렇게 말했지.

"그대를 사랑하는 주피터께서는 그대를 깨우치기 위해 나에게로 보내셨다. 그대는 내가 지키고 있는 운명의 궁전을 보고 있다. 궁전으로 들어가면 앞으로 일어나게 될 일뿐만 아니라 일어날 가능성이 있는 모든 일들을 보게 될 것이다."

"이 세상이 시작되기 전, 주피터께서는 생겨날 법한 모든 일들을 이 궁전에서 미리 검토하고 고려하셨다. 그는 가능성 있는 모든 일들 가운데서 최상의 선택을 하셨다. 그리고 가끔씩 이곳으로 와 자신의 선택에 대해 다시 생각해 보고 좀 더 나은 쪽으로 바꾸는 기쁨을 즐기신다. 그러면서 그는 조금의 아쉬움도 없이 만족해하고 즐거워하신다."

"나는 그대에게 말로 설명할 뿐이다."

여신은 계속해서 이야기했단다.

"이제부터 나와 그대는 아버지께서 만들어 낼 수도 있었던, 지금과는 다른 어떤 세상을 보게 될 것이다. 그 세상에는 부족한 것이 없다. 그러나 이제 우리는 그 세상의 역사에서 아주 작은 하나가 바뀌어 전혀 다른 세상이 되는 모습을 보게 될 것이다."

여신은 그렇게 말하고 나서 테오도르를 궁전 안에 있는
여러 방들 중 한 곳으로 데리고 갔지. 문턱을 넘자, 그곳
은 더 이상 평범한 방이 아니었단다. 그만의 고유한 태양
과 별들을 가지고 있는 하나의 세상이었지.

팔라스 여신이 명령하자 도도나의 주피터 신전과 그 신전에서 나오는 섹스투스가 보였지. 여신이 보여 준 그 세상에서 사람들은 섹스투스가 신에게 복종하게 될 것이란 말을 듣게 된단다. 잠시 후, 섹스투스는 두 개의 바다 사이에 위치한 코린트처럼 생긴 어떤 도시로 향하게 되지. 그곳에서 그는 작지만 비옥한 땅을 사게 된단다. 그 땅을 열심히 경작하던 섹스투스는 그곳에서 보물을 발견하게 되고, 존경받는 부자로 행복한 삶을 살게 되지. 그리고 가족과 친구들의 지극한 사랑을 받으며 풍요로운 노년을 보내다가 죽음을 맞이하게 된단다.
테오도르는 마치 한 편의 연극을 보듯이 섹스투스의 이 모든 일생을 한눈에 보았지.

그때 갑자기 커다란 책 한 권이 방을 한가득 채웠단다. 테오도르는 그 책이 무엇을 의미하는지 묻지 않을 수 없었어.

"그 책은 나와 그대가 방문하고 있는 이곳 세상의 역사이다."

여신이 말했지.

"또한 그 책에는 섹스투스의 일생이 적혀 있다. 그대는 섹스투스의 이마에 적힌 숫자를 보았을 것이다. 이 책에서 그 숫자에 해당하는 페이지를 찾아 보라. 그리고 그 페이지에서 마음에 드는 문장에 손가락을 갖다 대어 보라. 그러면 그대는 굵은 글씨로 쓰인 내용 그대로를 눈앞에서 보게 될 것이다."

테오도르가 여신의 말대로 하자, 이곳 세상에서 섹스투스의 일생에 일어났던 특징적인 일들이 눈앞에 펼쳐졌단다. 테오도르와 여신이 들어선 다음 방에는 또 다른 세상이 준비되어 있었지. 거기에는 또 다른 책 한 권과 또 다른 섹스투스가 있었단다. 그곳 세상에서 섹스투스는 주피터의 말에 복종하기로 결심하고 트라키아로 향하게 되지. 그곳에서 왕의 딸을 아내로 맞은 섹스투스는 딸 외에 자식이 없었던 왕의 뒤를 이어 왕좌에 오르게 되었고 백성들에게 사랑받는 왕이 된단다.

테오도르는 각각의 방에 들어설 때마다 늘 새로운 장면들을 보게 되었단다. 전체적으로 피라미드의 형태를 띠고 있는 방들은 뾰족한 꼭대기로 올라갈수록 더 풍요롭고 아름다운 세상들을 보여 주었지.

피라미드의 정점, 그 마지막에 위치한 최상의 방은 모든 방들 중에서도 가장 아름답단다. 왜냐하면 피라미드는 시작은 있지만 끝을 볼 수 없고, 정점은 있지만 바닥은 보이지 않기 때문이지. 피라미드는 무한대로 성장한단다.

"그 이유는,"

여신이 설명했지.

"존재할 수도 있었을 수없이 많은 세상들, 그중에 최고가 있기 때문이다. 그렇지 않았다면 주피터께서는 아무것도 만들려지 않았을 것이다. 그러나 각각의 세상은 그보다 아래에 있는 덜 완벽한 세상들을 가지고 있다. 그렇기 때문에 존재 가능한 세상들의 피라미드는 끝없이 아래로 내려간다."

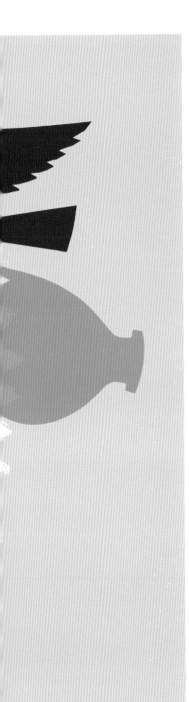

최상의 방으로 들어간 테오도르는 황홀경에 홀리게 된단다. 그래서 여신의 도움이 필요했지. 혀에 신의 술 한 방울이 떨어지고 나서야 테오도르는 기운을 되찾았고 환희의 감정은 사라졌단다. 그리고 여신이 말했지.

"우리는 실재하는 진짜 세상에 들어온 것이다. 그대는 이곳에서 행복의 근원에 있게 된다. 만약 그대가 변함없이 충실하게 주피터를 섬긴다면, 바로 이것이 주피터께서 그대를 위해 준비해 놓은 세상이다."

"원래 그러한 대로의, 그리고 미래에 실제 그렇게 될 그대로의 섹스투스를 보라. 화가 난 채로 신전을 나온 그는 신들의 충고를 무시한다. 그대는 로마로 가서 모든 것을 혼란에 빠뜨리고 친구의 아내인 루크레티아의 명예를 더럽힌 섹스투스를 보고 있다. 결국 아버지와 함께 추방되어 패배자가 된 불행한 그를 보라. 만약 주피터께서 코린트의 행복한 섹스투스나 트라키아에서 왕이 된 섹스투스를 선택하셨다면, 더 이상 이와 같은 최선의 세상은 아니었을 것이다. 그렇지만 주피터께서는 이와 같은 세상을 선택하는 데 있어 조금의 망설임도 없었다. 이 세상은 다른 모든 세상들을 완벽하게 넘어서며 피라미드의 정점에 위치하고 있다.

그대가 보듯이, 신들의 왕 주피터께서는 섹스투스를 조금도 악하게 만들지 않았다. 섹스투스는 처음부터 악한 자였고 항상 자유로이 그러하였다. 주피터께서는 수많은 섹스투스 중에서 악한 섹스투스에게 존재를 부여하셨을 뿐이다. 지혜로운 주피터께서는 악한 섹스투스가 속해 있는 세상을 거부할 수 없었다. 주피터께서는 섹스투스를 존재할 가능성이 있는 영역에서 실제 존재자들의 영역으로 오게 하셨다.

섹스투스가 저지른 악은 위대한 일에 쓰인다. 그의 죄로 말미암아 고귀한 전례를 남긴 대국이 탄생하였다. 하지만 그것조차도, 그대가 그 아름다움을 찬양하게 될 이 최선의 세상 전체에 비한다면 아무것도 아니다. 사악한 섹스투스를 보아야 하는 견디기 힘든 상태에서 더 나은 상태로의 행복한 이행 후에, 신들은 그대가 그 아름다움에 대해 알 수 있도록 해주실 것이다.

이미 그대는 주피터께서 매우 강하다는 것을 알고 있다. 그분께서는 원하는 일이라면 무엇이든 할 수 있다. 그러나 그대는 또한 주피터께서 지극히 선하다는 사실도 알고 있다. 그분께서는 늘 더 나은 것을 원하신다. 별 하나하나, 나뭇잎 하나하나, 행복한 일 혹은 슬픈 일 하나하나, 정의로운 자 혹은 악한 자 개개인이 모여 신들의 왕인 주피터의 영광에, 그리고 세상이 완벽해지는 데에 기여하게 되는 것이다."

바로 그 순간 테오도르는 눈을 떴단다. 주피터의 정의正義를 이해하게 된 테오도르는 여신에게 감사를 표했지. 자신이 보고 들은 것에 깊이 젖어 들어 확신이 서게 된 테오도르는 진정한 신의 봉사자로서 열의를 다하여, 한 인간이 느낄 수 있는 최상의 기쁨을 가슴 가득 간직한 채, 대신관의 역할을 수행하게 된단다.

라이프니츠는 이야기를 마치고는 입을 닫았다. 함께 있던 그의 어린 친구는 신들의 왕 곁에서 대신관으로 있었던 신전에서 빠져나와 서서히 비엔나의 밤으로 되돌아왔다.

셰스투스 타르퀴니우스

셰스투스 타르퀴니우스

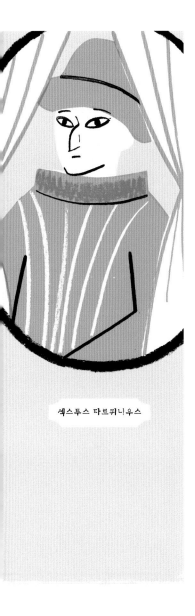

셰스투스 타르퀴니우스

테오도르가 선언했다.

"만일 제가 이 운명의 궁전들을 방문할 수만 있다면, 주피터에게 어떻게 매번 섹스투스를 알아볼 수 있는지 물어볼 거예요. 왜냐하면 섹스투스는 어떤 세상에서는 선하게 또 다른 세상에서는 못되게 등장하잖아요. 이곳에 위대하고 강한 섹스투스가 있다면 아마 다른 어딘가에는 허약하고 등이 굽은 섹스투스가 있을 걸요. 그리고 아마 몇몇 다른 세상들에서는요, 섹스투스가 로마인이 아닐지도 몰라요! 결국 우리는 섹스투스를 절대 알아볼 수 없어요."

라이프니츠는 테오도르의 눈을 바라보며 대답했다.

"주피터가 섹스투스를 알아볼 수 있는 건, 섹스투스가 속해 있는 세상 밖에서는 그가 존재하지 않기 때문이란다. 아주 많은 섹스투스가 있다는 건, 그가 속해 있는 엄청나게 많은 가능성의 세상들이 있다는 뜻이지.
너의 경우엔 말이다, 테오도르, 너는 아마 탐험가가 될 수도, 불한당이 될 수도, 음악의 거장이 될 수도, 또 아주 큰 부자가 될 수도 있겠지. 오직 신만이 그것을 알고 계신단다! 물론 언제나 넌 나의 작은 테오도르로 남아 있겠지만 말이다!"

"하지만 섹스투스 타르퀴니우스에 대해서는 불공평해요! 신은 현실에서 그를 살인범으로 만들었어요. 그에게 가장 좋은 운명을 마련해 놓지 않았다구요!" 테오도르가 항의했다.

"뭐랄까, 그건 마치 작은 막대 관이 내는 소리가 파이프 오르간이 연주하는 악보의 내용 전부인 양 여기는 것과 같구나. 신은 사악한 섹스투스를 창조하지 않으셨단다. 신은 섹스투스가 죄를 저지르게 되는 세상을 만드셨지. 왜냐하면 바로 그러한 세상이 가장 완벽했기 때문이야. 아름다운 예술 작품을 보듯이 그 세상을 떠올려 보렴. 붓칠 하나하나는 그저 자신만의 색깔을 드러낼 뿐이지만 그 색깔들이 모이면 전체적인 그림을 더욱 아름답게 만들지. 마찬가지로 한 사람 한 사람이 짓는 죄와 그로 인해 생겨나는 고통 또한 그 하나하나가 세상의 위대한 질서에 기여한단다."

작은 테오도르는 하품을 하며 말했다.

"그렇다면 저는 내일 아침 그저 침대에 있으면 되겠네요. 신께서 그렇게 예견하셨고, 그게 바로 최선의 세상이니까 요."

"혹은, 내가 너에게 들려주었던 이야기처럼 네가 침대에서 나와서 신께 감사하며 신을 충실히 섬긴다면 말이다. 그러면 신은 네게 기쁨을 가득 채워 주실 테지!

현실에서의 너는 신이 예견하는 바가 무엇인지 알 수 없단다. 그렇기 때문에 신께서 주신 이성과 판단력, 그리고 신께서 정해 놓은 계율을 따르며 오직 네가 맡은 의무를 다해야만 하지. 그러면 너는 평안한 상태의 영혼을 가질 수 있게 된단다. 그리고 성공해야 한다는 걱정 따윈 신께 맡길 수 있게 되지. 신께서는 이 세상 전체를 위해, 또한 네가 신에 대한 진정한 믿음만 있다면 특히 널 위해서 최선의 것을 만드시는 데 조금도 부족함이 없으시니까 말이다."

라이프니츠는 어린 친구의 입가에 미소가 번질 때까지 기다리고는 아주 부드럽게 말을 이었다.

"나의 테오도르야, 네가 만약 이 세상에서 지극히 완전한 것을 알아보는 법을 배운다면, 너는 가장 행복한 사람이 되지 않을까? 네가 학자가 되어 천체나 혹은 모든 작은 것들에 대해 공부하게 된다면 그 완전한 것을 더 잘 알아보게 되겠지. 이 세상은 가장 분별력 있다고 여겨지는 인간의 소망이나 기원 대로가 아닌 세상의 창조주가 가지는 선한 마음으로 만들어진단다. 네가 그것을 이해하면 할수록 너는 신의 사랑으로 열광할 것이고, 또 그럴수록 아직 여러 가지로 부족함이 많은 너는 신으로부터 나오는 신성한 정의로움을 본받으려고 애가 달게 되겠지. 그렇게 해서 네 마음속에는 신성이 생기고 이제 너는 신과 함께하는 사회를 만들 수 있게 된단다. 또한 너는 다른 이들과 함께 신의 나라를 이룩하고자 노력하겠지. 가장 완벽한 군주가 지도하는 가장 완벽한 그런 나라 말이다."

늙은 철학자는 힘겹게 일어나 절뚝거리며 창가로 걸어갔다. 투명한 밤하늘이 그를 매혹했다. 이제껏 라이프니츠는 점성술사들이 들려주는 전설들을 우스꽝스럽다고 생각했다. 하지만 가끔씩, 별들로 뒤덮인 밤하늘은 그의 수학 방정식 그래프, 그래프의 좁아지는 부분, 나선, 그리고 초점들이 그려 냈던 매우 오묘한 풍경을 상기시켰다.

한편, 테오도르는 서재에까지 올라오는 소음을 듣고 있었다. 하인들이 내는 작은 소리, 잠자는 사람들의 코 고는 소리, 밤의 대화들, 골목길의 바람 소리…… 테오도르는 언젠가 한 번 라이프니츠가 다양한 소음들 속에서 도시의 숨소리를 알아채 듣는 것을 본 적이 있었다. 그때 라이프니츠는 테오도르에게, 귀는 생각할 겨를도 없이 이 작은 소리들을 합해 버린다고 이야기했다. 그리고 바로 이 작은 소리들의 덧셈에 음악의 비밀이 있다고 했다.

테오도르는, 신이 세상을 만들기 위해 여러 가능성들을 계산하는 데서 기쁨을 느꼈을까 곰곰이 생각에 잠겼다.

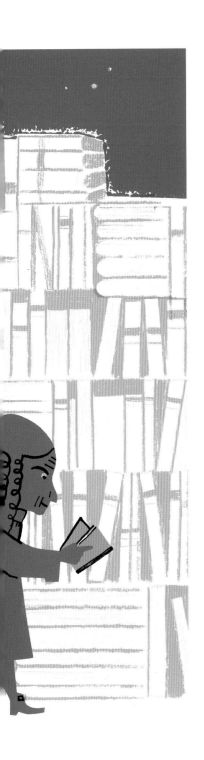

모나드 세계를 만든 철학자 라이프니츠를 말하다 _ I

고트프리트 라이프니츠Gottfried Wilhelm Leibniz는 1646년 7월
1일, 독일 라이프치히에서 태어났다. 라이프치히대학의
철학 교수였던 아버지 덕분에 어려서부터 철학과 논리학
에 심취했던 그는, 열두 살 무렵 독학으로 라틴어를 익혔
고 열다섯 살에 이미 대학 공부를 시작했다. 그러나 라이
프치히대학은 그가 어리다는 이유로 학위를 주지 않았고,
그 후 1667년 라이프니츠는 뉘른베르크의 알트도르프대
학에서 학위를 취득하게 된다. 그 무렵 그는 화학에도 심
취하였다고 한다. 훗날 외교관과 정치가로 활약하는 동시
에 형이상학과 자연과학에 대한 지식도 꾸준히 쌓은 라
이프니츠는, 1670년경《구체적 운동의 이론》,《추상적 운
동의 이론》을 집필하고 이를 통해 운동을 물질의 본질로
간주하기 시작하였다. 그는 수학이나 철학 분야에서 많은
글을 남겼으며, 1674년에는 한 단계 진보한 계산기를 발
명하기도 하였다. 그가 계산기를 발명하였다는 사실을 암
시하는 계산기 도면에 관한 언급은 이 책에서도 등장한
다. 미적분학의 방법을 창안하였고 에너지 보존의 법칙을
예견하기도 한 그는, 1716년 70세의 나이로 하노버에서
생을 마감할 때까지 철학, 자연과학, 수학에 관한 연구를
게을리하지 않았다고 전해진다.

《형이상학서설》(1686),《신인간오성론》(1765),《변신론》
(1710), 〈모나드론〉(1714) 등을 집필한 그는 철학자이자 수
학자였을 뿐만 아니라 법학, 신학, 역사학에서도 두각을
드러내었다. 17세기의 수많은 천재 중에서도 단연 돋보
이는 존재였던 그는 1712년에서 1714년까지 독일의 빈
에서 거주하며 그의 생애 가장 중요한 두 편의 글을 쓰게
된다. 하나는 〈이성에 근거한 자연과 은총의 원리〉이며,
다른 하나는 바로 〈모나드론〉이다. 〈모나드론〉은 당시 학
자 출신의 장관 니콜라 르몽에게 보내는 서한이었다.

라이프니츠가 말하는 '모나드'의 개념은 당시 학계에서 거론되었던 뉴턴의 원자나 데카르트의 연장과는 별개의 것이다. 물질을 쪼갰을 때 가장 마지막에 남는 최소 단위인 원자는 육안으로는 보이지 않지만 존재하는 그 무엇으로 뉴턴 이후 우주에서의 물리적 힘이란 곧 이러한 물질적 힘을 의미했다. 그러나 라이프니츠는 이 세상에 존재하는 진정한 힘은 모나드에서 나오는 정신적인 힘이라고 생각했다. 이러한 힘에 대해 형이상학적으로 접근하여 쓴 글이 바로 〈모나드론〉이다.

이렇듯 라이프니츠가 말하는 모나드는 물리적 힘에 대립되는 정신에 기반을 둔 힘으로서 욕구나 의지로부터 나온다. 그에 따르면, 모나드는 한 차원 더 높은 지각 단계로 상승하는 지성의 힘이다. 라이프니츠는 뉴턴의 역학과 자연철학을 수용하고 감각주의 경험론을 주장했던 존 로크에 대해 감각적 지각의 낮은 단계인 단순 모나드에 머문다고 비판했다. 라이프니츠에게 있어 '지성의 힘'이란 평화를 향해 나아가는 정신적인 힘이며 한층 더 높은 곳으로 나아가는 모나드의 지각이다.

모나드는 정신적이며 자연의 참된 실체이다. 모나드는 지각知覺과 통각統覺이라는 작동 원리를 가지며 모든 모나드는 이 작동 원리로써 최종의 '완전현실'을 향해 간다. 모든 모나드가 충돌을 일으키지 않고 완전현실로 나아갈 수 있는 것은 모나드의 내적 변화에 의해 각각의 모나드가 지각의 통일을 만들어 나가기 때문이다. 해가 떠오르면 세상이 환해지고 밤이 되면 어두워지듯이 모나드의 지각 단위도 반복적으로 밝아지거나 어두워진다. 디지털 코드가 0과 1로 이루어졌듯 모나드에도 음과 양이 있으며 모나드의 지각 단위는 그 하나하나가 어두움의 음과 밝음의 양을 뜻한다. 따라서 모나드의 세계는 운동량 보존의

법칙이 성립하며, 라이프니츠는 이에 대해 "신이 계산하면, 세계가 생겨난다"고 말했다. 17세기에 라이프니츠가 발견한 최상의 세계는 이러한 신의 계산으로 이루어진 세계였다.

본 책은 바로 이 부분을 다루고 있다. 저자는 라이프니츠의 사상을 독자들이 쉽게 이해할 수 있도록 실제 라이프니츠, 꼬마 테오도르, 섹스투스, 대신관, 그리고 신화 속 제우스(주피터)와 아테네를 주요 인물로 등장시켰다. 책의 배경은 라이프니츠가 노년에 체류했던 빈이다. 독자들은 〈모나드론〉의 집필을 막 끝낸 라이프니츠의 모습을 마치 바로 앞에서 보듯 생생하게 느끼는 것을 시작으로, 꼬마 테오도르가 되어 라이프니츠가 들려주는 '최선의 세상'에 관한 이야기 속으로 자연스레 빨려 들어간다. 앞서 언급하였듯, 모나드의 지각 단위가 음과 양으로 되어 있다면 이 책에서는 음의 모나드를 설명하기 위해 섹스투스를 예로 들었다. 실제 역사 속에서도 섹스투스는 매우 사악한 인물이었다. 로마의 7대 왕, 오만한 타르퀴니우스의 외아들이었던 섹스투스는 그의 무리들과 술을 마시다가 아내들의 정숙함에 대해 서로 자랑하며 내기를 하게 되었고, 이에 섹스투스의 친족이었던 콜라티누스의 아내 루크레티아가 가장 정숙한 아내로 뽑히자 그녀를 겁탈하고 만다. 루크레티아는 남편과 아버지가 보는 앞에서 복수를 부탁하며 자결하고, 이를 계기로 폭정을 일삼던 타르퀴니우스 왕과 일족들은 로마에서 추방되었고 섹스투스 또한 도망치다 죽임을 당하였다. 이로써 로마 왕정 시대는 끝이 나고 공화정 시대가 시작되었다. 자신의 욕망을 채우려 한 사악한 섹스투스와 억울하게 목숨을 끊은 루크레티아가 있었기에 로마의 역사가 새로운 변화를 맞이할 수 있었던 것이다. 이 책에서 테오도르는 아테네 여신을 따라다니며 수많은 섹스투스들을 보게 되는데 이들은 양의

모나드(착한 섹스투스)일 수도, 음의 모나드(악한 섹스투스)일 수도 있다. 그러나 신의 계산으로 완성된 최선의 세상은 '원래 그러했던' 섹스투스의 사악함을 필요로 했다. 즉 어두움과 밝음이 조화되어 운동량 보존의 법칙이 성립되어야만 비로소 최선의 세상이 만들어진다는 것이다.

옛 속담에 '인생사 새옹지마'란 말이 있다. 새옹이 키우던 말이 집을 나가 속상했으나 도망간 말이 이내 말 떼를 몰고 돌아와 행복해졌고 말을 타던 아들이 부상을 입게 되어 불행해졌으나 그 덕분에 전쟁 중 군 입대를 피하게 되어 다시 행복해졌다는 이야기이다. 이를 통해 사람들은 세상일이란 한 치 앞도 알 수 없음을 깨닫는다. 물론 이 속담이 최선의 세상은 좋은 일, 행복한 일로만 이루어질 수 없다는 라이프니츠의 사상과 전적으로 일치한다는 말은 아니다.

그러나, 개인에게든 혹은 집단에게든 불행이 닥쳤을 때 곧바로 낙담하거나 좌절하지 말고 한 발자국 뒤로 물러나 전체적으로 조망하며 세상의 위대한 질서를 헤아려 볼 필요가 있다는 메시지, 그러한 메시지를 전한다는 점에서 어느 정도 공통분모가 존재한다고 말할 수 있지 않을까?

옮긴이 이보경

68

거대한 정신으로 우주를 구성한 철학자 라이프니츠를 말하다 _Ⅱ

서양 역사에서 중세의 몰락을 가져온 두 개의 큰 사건을 꼽으라면 아마도 르네상스와 종교개혁일 것이다. 종교개혁으로 인해 유럽의 새로운 역사가 쓰였다고 해도 틀린 말은 아니다. 1571년 10월 31일, 바로 이날 신학 교수이자 신부였던 마르틴 루터Martin Luther, 1483~1546는 종교가 얼마나 부패했고 잘못된 길을 가고 있는지에 대한 내용을 95개 조항으로 기록하여 성직자가 아닌 일반 신자들에게 알렸다. 이 사건 이후 독일의 봉건 영주들은 루터의 뜻에 따를 것인지 아니면 루터의 반대편에 설 것인지로 고민하였다. 국가가 믿는 종교를 루터가 부정하고 욕하였기 때문에 왕의 눈치를 살펴야 했던 봉건 영주들은 자신들이 다스리는 시민들에게 어떻게 이 사실을 설명해야 할지 도무지 알 수가 없었던 것이다.

당시 신성로마제국이었던 독일의 황제는 카를 5세였다. 독일의 봉건 영주들은 정식으로 카를 5세에게 루터의 문제를 검토해 줄 것을 건의하였으나 당시 카를 5세는 프랑스와의 전쟁 때문에 루터의 문제를 검토할 시간이 없었다. 봉건 영주들은 더 이상 시민들의 불만과 항의를 참지 못하고 정식으로 카를 5세에게 항의의 편지를 보냈다. 황제에게 정식으로 보낸 항의Protest의 편지, 바로 여기에서 오늘날 개신교를 뜻하는 '프로테스탄트'라는 말이 나왔다. 이후 일반적으로 기독교라고 하는 그리스도교는 구교인 가톨릭과 개신교인 프로테스탄트로 나뉘었다.
루터의 종교개혁은 신성로마제국을 이끌고 있던 독일만의 문제가 아니었다. 여러 나라에서 구교인 가톨릭에 대항하는 새로운 종교 운동이 일어났는데, 프랑스를 중심으로 한 칼뱅Jean Calvin, 1509~1564과 영국의 왕 헨리 8세 등이 종교개혁을 주도한 인물들이다. 이러한 종교개혁은 영주 혹은 시민들 사이에 충돌을 가져왔고 전쟁으로까지 번졌다.

가장 대표적인 종교 전쟁은 1618년부터 1648년까지 독일을 중심으로 유럽 여러 나라에서 계속된 30년 전쟁이다. 승자도 패자도 없는 이 전쟁에서 프로테스탄트를 원하는 나라들은 독립을 통해 강한 힘을 얻었고 가톨릭을 믿는 나라와 로마 가톨릭을 총괄하는 교황청 그리고 교황은 그 세력이 약화되었다. 그러나 신성로마제국의 황제였던 독일의 페르디난트 2세는 보헤미아 지방의 프로테스탄트를 약화시키고 헝가리의 반란을 막아 신성로마제국을 절대주의 국가로 만들었다. 30년 전쟁으로 독일을 비롯한 온 유럽이 어수선하던 1646년, 전쟁이 끝나갈 무렵 독일을 대표하는 철학사 라이프니츠가 태어났다.

20세기가 낳은 영국의 유명한 철학자 화이트헤드는 17세기를 천재의 세기라고 하였다. 17세기에 유난히 훌륭한 철학자와 과학자가 많이 태어나거나 활동했기 때문인데, 베이컨, 갈릴레이, 뉴턴, 데카르트, 파스칼 등이 모두 17세기에 태어나거나 활동하였다. 이 천재들의 목록에서 빼놓을 수 없는 한 명이 바로 라이프니츠이다.
라이프니츠는 교수였던 아버지의 영향으로 어릴 때부터 많은 책들을 접했고 남들보다 뛰어난 학업 능력을 보여 열다섯 살에 대학에 입학하였다. 대학에서는 크게 두 가지의 학문을 공부하게 되는데 하나는 코페르니쿠스, 케플러, 그리고 갈릴레이의 과학이며, 다른 하나는 베이컨과 데카르트의 철학이었다. 스무살이라는 어린 나이에 실력을 인정받아 대학의 교수로 초빙되었지만 정치에 뜻을 두었던 라이프니츠는 이를 거절하고 외교관으로 활동하였다. 그리고 10년 뒤 독일 마인츠 대주교의 보좌관이 되어 그 뜻을 이루었다. 마인츠 대주교의 보좌관으로 있으면서 라이프니츠가 이룬 정치적 성과는 루이 14세가 독일을 침공하지 못하게 한 것이다. 당시 마인츠 대주교를 포함

한 유럽의 군주와 주교들은 루이 14세의 독재를 두려워하고 있었고 이에 라이프니츠는 대주교에게 루이 14세가 이집트를 공격하게 만들라고 조언하였다. 프랑스가 아무리 강해도 이집트와 싸우는 동안은 독일뿐 아니라 다른 유럽의 나라들을 공격할 수 없으리라 예상했기 때문이었다. 비록 루이 14세가 이집트를 공격하지는 않았지만 독일은 루이 14세로부터 안전할 수 있었다.

1633년 4월부터 6월까지 교황청에서 열린 갈릴레오 갈릴레이의 재판은 너무나 유명하다. 이 재판의 발단이 된 것은 코페르니쿠스와 케플러에서 시작된 지동설이다. 결국 강압에 의해 갈릴레이는 지동설을 부정했지만, 라이프니츠는 이들의 과학적 결과물에 깊이 빠져들었다. 그 결과 라이프니츠는 보다 진화된 계산기를 발명하였고, 미적분학을 수립하였다. 그는 이러한 과학에서의 업적을 바탕으로 당시 독일의 황제였던 레오폴트 1세에게 과학아카데미의 설립을 강력하게 주장하였다. 그는 "사람들이 집을 짓는 것은 자신이 살기 위해서가 아니라 다음 세대가 살 곳을 마련하기 위함이며, 과일 나무를 심는 것은 자신이 먹고자 함이 아니라 다음 세대가 먹을 수 있게 하기 위함이다"라고 말하면서 미래의 독일을 위해 과학아카데미의 설립이 얼마나 중요한 일인지 알렸고, 레오폴트 1세는 베를린에 과학아카데미의 설립을 허락하였다. 그리고 라이프니츠는 그곳의 초대원장이 되었다. 라이프니츠의 노력으로 영국과 프랑스에 이어 독일에도 과학아카데미가 생긴 것이다. 이후에도 라이프니츠는 독일 외에 다른 나라에도 과학아카데미가 설립될 수 있도록 노력하였고, 1712년에는 빈에 머물면서 러시아의 피오트르 대제에게 러시아 과학아카데미 설립을 건의했으며, 빈 과학아카데미 설립을 위해서도 노력하였다.

철학과 과학, 두 분야 모두에서 뛰어난 업적을 남긴 라이프니츠는 1710년 신을 변론하는 《변신론》을 발표한 뒤, 1712년부터 2년 동안 빈에 머물며 자신의 대표적인 사상이 될 '예정조화설'이 실린 〈모나드론〉을 발표함으로써 철학 체계를 완성하게 된다.

무언가를 깨닫는 데 있어 경험을 중요하게 생각하는 이들을 경험론자, 이성을 중요하게 생각하는 이들을 합리론자라고 한다. 라이프니츠는 프랑스의 데카르트, 네덜란드의 스피노자와 함께 유럽의 대표적인 합리론자로 불린다. 합리론자 라이프니츠의 중요한 사상은 크게 세 가지로 요약된다.

첫 번째, 변신론에 관한 것이다. 우리가 사는 이 세상에는 좋은 것과 나쁜 것이 공존한다. 만약 신이 세상을 창조했다면, 신은 좋은 것과 함께 나쁜 것도 창조하였을까? 즉 선과 악 모두를 창조하였을까? 라이프니츠는 그렇지 않다고 말한다. 악은 인간이 만들어 낸 것이지 결코 신의 창조물이 아니라는 것이다. 전지전능하고 완전한 신은 자신을 닮은 완벽한 모습의 인간을 창조하기 위해 노력했을 것이다. 로마의 시인 베르길리우스에 의해 사악하고 잔인한 인물로 그려진 섹스투스는 과연 태어나면서부터 악한 사람이었을까? 라이프니츠는 신은 결코 인간을 악한 모습으로 창조하지 않았다고 주장한다. 단지 우리 인간이 살아가면서 악하게도 선하게도 된다는 것이다. 이렇듯 변신론은 악에 대한 책임이 신에 있지 않음을 주장하며 신을 변호하는 이론이다.

두 번째, 단자 이론, 즉 모나드에 관한 것이다. 라이프니츠가 말하는 단자란 무엇일까? 모든 물건의 가장 작은 단위인 원자는 매우 작아 육안으로는 보이지 않지만 크기를 갖고 있기 때문에 공간 안에 존재하는 물질적인 것이

다. 이렇듯 일정 공간 안에서 어떤 위치를 차지하고 있는 물체의 성질을 철학에서는 '연장Extension'이라 부른다. 데카르트의 경우 '정신'을 사유하는 실체로, '물체'를 연장성을 지닌 실체로 보는 이원론을 주장하기도 하였다. 그러나 라이프니츠가 주장하는 단자는 연장을 갖지 않기 때문에 물질이 아닌 정신적인 것이며, 그에 따르면 이 세상은 새롭게 생성되지도 소멸되지도 않는 무수히 많은 단자들로 이루어져 있다. 수학에서 '점'을 부피, 넓이, 길이가 없는, 단지 위치만 있는 도형이라고 정의하는 것처럼 단자 역시 위치는 차지하고 있지만 연장은 없다. 또한 단자는 정신적이기 때문에 새롭게 생겨나거나 사라지는 일도 없다. 그러나 일정한 공간을 차지하고 스스로 끊임없이 움직이는 힘을 가진 단자에 의해 이 세상의 모든 물질은 생성되거나 소멸된다. 결국 이 세상은 단자들로 구성된 거대한 하나의 정신적 체계와 같은 것이다.

라이프니츠는 단자를 보다 쉽게 설명하기 위해 바다에 비유하기도 한다. 바닷물은 작은 물방울들이 모여 만들어진다. 물방울은 너무 작아 아무런 소리도 낼 수 없지만, 물방울이 모인 바다는 요란한 소리를 만들어 낸다. 이와 마찬가지로 물질이 아닌 단자는 힘이 없지만 단자 하나하나가 모이면 거대한 정신적 체계를 이루고, 이 세상의 모든 물질을 생겨나고 사라지게 하는 거대한 물질의 세계를, 더 나아가 우주를 구성한다고 라이프니츠는 보았다.

세 번째, 예정조화설이다. 다시 섹스투스로 돌아가 보자. 타르퀴니우스 왕과 그 가족이 추방당하고 로마가 공화정으로 바뀐 것은 섹스투스의 나쁜 행동 때문일까? 아니면 타르퀴니우스 왕의 타고난 운명일까? 섹스투스가 그의 무리들과 내기를 한 것은 섹스투스의 의지였을까? 아니면 태어날 때부터 섹스투스에게 주어진 운명일까?

종교는 신이 인간을 창조할 때 그의 모든 운명까지도 함

께 창조한다고 말한다. 따라서 인간은 신이 정한 운명에서 벗어날 수 없는 존재가 된다. 가장 대표적인 예가 바로 그리스의 신탁이다. 오이디푸스가 그랬고, 트로이의 파리스가 그랬으며, 섹스투스도 다르지 않았다. 과연 그리스 신화에서 말하는 것처럼 인간의 운명은 태어나면서 이미 정해진 것일까? 여기서 라이프니츠는 창조자의 예정된 조화를 이야기한다. 전지전능한 창조자는 처음부터 각각의 단자가 질서와 조화를 갖도록 정교하게 만들었고 이러한 단자들의 일치로 세계의 질서가 유지되도록 이미 예정되어 있다는 것이다. 조화로운 선율을 만들어 내는 오케스트라의 단원들은 지휘자의 지시에 따라 자기 앞의 악보를 보고 자신의 악기만을 연주하지만 그 소리들이 모이면 하나의 아름다운 선율이 완성되듯이 우주의 조화나 세상의 질서도 이와 마찬가지라는 것이다.

물론 라이프니츠의 이러한 주장에는 부정적인 견해도 따른다. 만약 인간이 태어날 때 이미 모든 것이 예정되어 있다면, 인간에게는 자신의 삶에 대한 어떠한 의지도 없는 것인가? 라이프니츠에 반대하는 이런 생각을 가진 사람들에게 운동 경기의 예를 들어 보면 어떨까. 모든 운동 경기에는 정해진 규칙이 있다. 그리고 선수들은 이 규칙에 따라 자유롭게 경기에 임한다. 운동 경기에 규칙이 있는 것과 없는 것의 차이는 무엇일까? 또한 규칙을 알고 경기를 보는 것과 규칙을 모르고 보는 것은 어떤 차이일까? 경험으로 알 수 있듯이 규칙을 알고 보면 운동 경기는 더 재미있어진다. 규칙을 알고 경기를 본다고 해서 경기를 하는 사람이나 보는 사람들이 자유롭지 못하거나 즐길 수 없는 것이 아니듯 인간의 운명이 정해져 있다고 해서 삶을 누릴 수 없는 것은 아니라는 게 라이프니츠의 생각이다. 다행인 것은 인간은 자신이 어떤 운명을 가지고 태어났으며 어떻게 조화를 이루며 살아야 하는지 알지 못한다는 점이다. 그래서 인간은 스스로 운명을 개척한다고 생각하며 사는 것일지도 모른다. 섹스투스 또한 자신의 의지로 힘과 권력을 이용하여 운명을 개척한다고 생각했고 악을 저질렀을 것이다. 그러나 그 또한 모두 정해진 운명이었음을 우리는 신탁을 통해 알 수 있었다. 바로 이것이 라이프니츠가 주장하는 예정조화설이다.

과학을 바탕으로 새로운 철학을 주장한 라이프니츠는 철학, 수학, 과학, 그리고 정치 등 여러 분야에 걸친 활동과 공헌에도 불구하고 고독한 말년을 보냈다. 그의 후원자였던 하노버의 프리드리히뿐 아니라 많은 친구들이 먼저 세상을 떠났고, 1716년 라이프니츠 또한 신경통으로 고통받다가 생을 마감하게 된다. 라이프니츠의 명성에도 불구하고 독일에서는 그의 죽음에 대한 어떠한 성명도 발표하지 않았으며, 아무런 국가적인 격식 없이 쓸쓸한 장례식이 치러졌다. 프랑스 과학아카데미에서는 라이프니츠의 죽음을 기리며 다음과 같은 글을 발표하였다.

"세계에 빛을, 독일에 영광을 가져다 준 영혼."

철학자 서정욱

라이프니츠를 더 알고 싶다면

《스피노자는 왜 라이프니츠를 몰래 만났나》, 매튜 스튜어트 지음, 석기용 옮김, 교양인, 2011

《라이프니츠가 들려주는 모나드 이야기》, 김익현 지음, 자음과모음, 2008

《라이프니츠의 삶과 철학세계》, 배선복 지음, 철학과현실사, 2007

《모나드론》, 라이프니츠 지음, 배선복 옮김, 책세상, 2007

《수학자들의 전쟁》, 이광연 지음, 프로네시스, 2007

《라이프니츠가 만난 중국》, 라이프니츠 지음, 이동희 옮김, 이학사, 2003

《주름, 갈래, 울림》, 이정우 지음, 거름, 2001

《라이프니츠》, 조지 맥도널드 로스 지음, 문창옥 옮김, 시공사, 2000

옮긴이 이보경

대학에서 프랑스어를 전공하고 2003년 프랑스로 건너갔
다. 파리 3대학 통번역대학원ESIT의 한국어-프랑스어 번역
과에서 공부한 뒤 한국으로 돌아와 출판사, 공공기관 등
다양한 분야에서 활발하게 일했다. 르몽드 디플로마티크
한국어판에 실리는 프랑스 기사를 번역하기도 했으며 현
재 우리나라의 법률 적용 시 참고가 될 만한 프랑스의 정
치, 사회 전반의 정보를 번역하여 제공하는 일을 하고 있
다. 옮긴 책으로는《나는 투표한다, 그러므로 사고한다》
등이 있다.

해제 서정욱

독일 하이델베르크대학교에서 철학박사 학위를 받았다.
현재는 배재대학교에서 철학을 가르치고 있다.
평소 철학적 사고는 어릴 때부터 이루어져야 한다는 생
각을 가지고 어린이 철학과 철학의 대중화에 늘 관심을
가졌으며,《만화 서양철학사》를 발표함으로써 철학동화
를 쓰기 위한 기초를 다졌다. 이후 초등학생과 중학생들
을 위한 철학동화시리즈《거짓말과 진실》《지혜를 사랑
하는 사람들》《플라톤이 들려주는 이데아 이야기》《푸코
가 들려주는 권력이야기》등을 발표하였고, 철학과 역사,
문학을 접목한《필로소피컬 저니》(문화관광부선정 우수교양도
서)를 비롯해《철학의 고전들》(한국간행물윤리위원회선정 청소
년권장도서)《철학, 불평등을 말하다》《배부른 철학자》등
을 통해 청소년과 성인을 위한 즐거운 철학 읽기를 시도
하고 있다.

가능한 가장 아름다운 세상

"라이프니츠"
LEIBNIZ

초판 1쇄 발행 2013년 2월 18일

지은이 장폴 몽쟁
그린이 줄리아 바우터스
옮긴이 이보경
펴낸이 양소연

기획편집 함소연 진숙현 **디자인** 하주연 이지선
마케팅 이광택 **관리** 유승호 김성은 **인터넷사업부** 백윤경 이정돈

펴낸곳 등록번호 제25100-2001-000043호 등록일자 2001년 11월 14일

주소 서울시 금천구 가산동 60-3 대륭포스트타워 5차 1104호
대표전화 02-2103-2480 **팩스** 02-2624-4240 **홈페이지** www.cobook.co.kr
ISBN 978-89-97680-03-0(04100)
      978-89-97680-00-9(set)

함께읽는책 은 도서출판 나눔의집 의 임프린트입니다.